MW00929059

FATHER
AND SON:
A STORY VISITED

From Abruzzo, Italy

Lee C. Colsant, Jr., PhD

WESTBOW
PRESS®
A DIVISION OF THOMAS NELSON
& ZONDERVAN

WestBow Press books may be ordered through booksellers or by contacting:

WestBow Press
A Division of Thomas Nelson & Zondervan
1663 Liberty Drive
Bloomington, IN 47403
www.westbowpress.com
1 (866) 928-1240

ISBN: 978-1-5127-8431-2 (sc)
ISBN: 978-1-5127-8432-9 (hc)
ISBN: 978-1-5127-8430-5 (e)

Library of Congress Control Number: 2017908261

Print information available on the last page.

WestBow Press rev. date: 09/26/2017

Table of Contents

Sommario

Prologue

The telling of this story could never have been told if it were not for the following people who shared their own narratives with me. Sometimes their individual narratives conflicted, but I have tried my best to choose the ones that make this story more accurate from the time-tables of occurrence. My curiosity was peaked several years ago when I realized that the existing information regarding the lives of my grandfather, grandmother and father were very ambiguous and sketchy and could very well disappear with time. I chose primarily to concentrate on two individuals because of a shared dream that both Grandpa Giuseppe Colasante and his son Attilio Colasante had experienced, each in their own way; and secondly, to preserve their Italian as well as their American heritage. Their experiences were recounted to me from memories, first, by the **descendants** of Giuseppe Colasante and Rosa Della Croce Colasante, namely, my Dad, born Attilio Oreste Italo Colasante in Torricella Peligna, Italy, on July 19, 1904, and my Aunt Virginia Colasante Amadeo, the youngest daughter of Grandma and Grandpa Colasante. Virginia Colasante was born December 24, 1917 in Torrington, Connecticut (and is still living as I finish writing this prologue in June, 2017. She will be 100 years old this December). I am also indebted to Aunt Virginia's daughter, LaVonne Amadeo Elbset, and LaVonne's daughter, Alexandra Lee Elbset for their extraordinary contributions.

Prologo

Il racconto di questa storia non potrebbe mai essere scritto se non ci fosse state persone che hanno condiviso le loro narrazioni con me. A volte, queste narrazioni erano in conflitto tra loro. Ma ho cercato di scegliere al meglio i racconti che fanno questa storia piu precisa attraverso eventi temporali. Molti anni fa, la mia curiostà ha raggiunto il suo livello massimo quando mi sono reso conto che l'informazioni esistenti riguardo il trasloco di Nonno Giuseppe Colasante dall'Italia e le vite dei miei nonni e mio Padre erano molto confuse, e sarebbero potute svanire molto facilmente in tempo. Per prima cosa, ho scelto concentrarmi su due individui cioè Nonno Giuseppe e suo figlio, Attilio Colasante, che avevano in comune un *sogno*. Successivamente è stata mia intenzione quella di conservare la nostra eredita Italiana ed Americana. Questi sogni mi sono stati raccontati prima dai discendenti di Giuseppe Colasante e Rosa Della Croce Colasante, cioè da mio papà, nato Attilio Oreste Italo Colasante a Torricella Peligna, Italia in 1904 e sua sorella piu giovane, mia Zia Virginia Colasante Amadeo (che è ancora vivente come io finisco a scrivere questo prologo in giungo, 2017. Lei avrà 100 anni questo dicembre. e suoi discendenti LaVonne Elsbet e sua figlia Alessandra Lee Elsbet.

I am also very grateful to the **descendants** of my Dad's sister, Flora Maria Colasante Delulio, namely, Mary Delulio Calarco, and her daughter Antoinette Florence Delulio Calarco and our cousin, Bernadette Delulio Gilmore. From their memories also they have allowed me to flesh out the struggle of the family's newly founded life in America. Secondly, I want to thank Dan Aspromonte for responding to my initial S.O.S. inquiry on the Abruzzo Heritage website and Angela Di Berardino with whom I worked during August of 2016 in the archives of San Giacomo (St. James) Church with the grateful permission of Dom Giuseppe Pietrantonio, pastor of the Church in Torricella Peligna, Italy, birthplace of my father. Without this help I would never have been able to see, touch and photograph the baptismal records of my Dad, his sisters, Flora (Florence) Maria, Flavia, Amalia Aloysia, and my Dad's brother, Alberto Nicola Giuseppe Colasante; nor would I have been able to obtain a photograph copy of my Dad's original birth certificate held in Lanciano, Italy. These records have given greater authenticity and accuracy to the history of our family and to the accuracy of the spelling and meaning of the name Colasante. Thanks to Nicola of Hotel Capè in Torricella Peligna, I discovered that Cola comes the Italian first name *Nicola* or Nicolas/Nicholas in English and the adjective **sante** from the Latin *sanctus* or the Italian equivalent, <u>sante,</u> meaning *saint*. Together, the name Colasante translates to Saint Nicolas/Nicholas.

I would like to thank in particular Laura Di Biase of Torricella Peligna for her enormous assistance in the Italian corrections of my manuscript. Lastly, I would like to thank my good friend, Vincenzo Keefe, in the editing of the photos. Without his help, the photos would not have been displayed so professionally.

Sono molto riconoscente verso **discendenti** di Flora (Florence) Maria Colasante Delulio, la sorella maggiore di mio padre, cioè Mary Delulio Calarco, la sua figlia Antoinette Florence Delulio Calarco e nostra cugina, Bernadette Delulio Gilmore. Con questi ricordi mi sono immedesimato nella lotta quotidiana delle vite di miei genetori che hanno ricominciato in America. Non da meno, voglio ringraziare Donato Aspromonte che mi ha aiutato a iniziare questo cammino, Angela Di Berardino che mi ha aiutato con la mia ricerca ed a Don Giuseppe di Pietrantonio, il parroco della Chiesa di San Giacomo a Torricella Peligna, città natale di mio padre. Se non ci fosse stato il loro aiuto, non avrei mai potuto vedere né toccare né fotografare i documenti di battesimi e altri documenti di mio padre e delle sue sorelle, Flora Maria, Flavia, Amalia Aloysia, e suo fratello, Alberto Nicola Giuseppe Colasante. Tutti questi ricordi hanno dato autenticità ed accurezza alla storia di nostra famiglia. Grazie a Nicola al Hotel Capè a Torricella Peligna, ho scoperto l'origine del nostro cognome **Colasante: Cola** viene del nome italiano *Nicola* o in inglese Nicolas/Nicholas e **sante** che deriva della lingua latina *sanctus* o l'equivalante italiano <u>sante,</u> che in inglese si traduce con *<u>saint</u>*. Insieme, il nostro cognome Colasante si traduce in inglese con Saint Nicolas/Nicholas.

Poi, voglio ringraziare in particolare Laura Di Biase di Torricella Peligna per il suo aiuto enorme di aver corretto il mio italiano in questo manoscritto. Per ultimo, vorrei ringraziare il mio buon amico, Vincenzo Keefe, che ha aiuto nel modificare le foto che ho raccolto.

Credo che se noi conosciamo la nostra eredità, diventiamo fondamentalmente consapevoli della realtà che è la nostra. Pensare che la nostra eredità sia stata esplorata, catturata e tramandata nel tempo per coloro che ci seguiranno fa' si che le nostre vite siano più ricche è più significative.

I think that if we know our ancestry, we become grounded in the reality that is ours. To think that our ancestry is explored and captured and retained by those who follow us makes our lives richer and more meaningful. To a certain extent, we are what we are because of the past lived-ancestry and our own lived-experiences. If we do not know our past, we remain in a state of uncertainty or worse yet in oblivion. If we discover our past, we live on in memory by those who will come after us. [The Italian translation is meant to inspire others who may want to learn Italian.]

ACTS OF BIRTH*

Numero 55

Colasante_____
Attilio-Oreste-Italo____

The year One thousand Nine hundred and Four, the Nineteenth day of July at 5:40 in the afternoon in the Town Hall.

Before me Ernesto Teti, delegated Secretary of the Mayor and approved Official of the Civil State of the township of Torricella Peligna, appeared Giuseppe Colasante, of twenty-two years, a local shoemaker in Torricella Peligna, who has declared to me that at 1:10 of the afternoon of the nineteenth of the same month, in the house posted on Via Ulisse number 23 of Rosa Della Croce of Giuseppe Della Croce, seamstress and wife, was born a baby of masculine sex whom he presents to me and to whom he gives the name of Attilio Oreste Italo.

To the above and to this act are present as witnesses, Murri Camillo 43 years of age, retired, and Teti Alessandro, tailor, both residing in this Comune. Having read the present act to the witnesses, they agree to sign:

Giuseppe Colasante
Camillo Murri
Alessandro Teti
Ernesto Teti, Secretary

*Photographed from the original document held in Lanciano, Italy

In un certo senso, noi siamo cio che siamo in virtù della nostra discendenza e delle nostre esperienze vissute. Se non conosciamo il nostro passato, rischiamo di rimanere nel dimenticatoio o peggio di cadere in oblio. Ma se noi andiamo alla ricerca del nostro passato, e documentandolo, noi vivremo sempre nella memoria di quelli che veranno dopo di noi.

9

Chapter 1

Their Beginning

At the turn of the twentieth century, Italy—home of artists, sculptors, poets, popes, composers, and, of course, olives—was crippled by the sting of unemployment. Italy was being stripped of its own people, who were searching for more promising lands. Italian emigrants, flocking to the commercial ports of exit—like Naples and Palermo—boarded ships bound for the United States of America, Canada, Australia, South America, and on. They all possessed one common denominator—the deep desire for a better life. At New York City's port of entry, Lady Liberty was beckoning them: "Give me your hungry, your poor, your tired masses yearning to be free." Indeed, it was America's clarion call. The United States needed manpower for its industrial growth. There was work, but it was hard work. My grandfather Giuseppe Colasante (born February 10, 1882) responded to that industrial call.

Capitolo 1

Il Loro Inizio

L'Italia, la patria degli artisti italiani, scultori, poeti, papi, compositori e sopratutto degli ulivi, fu paralizzata dalla piaga della disoccupazione, ed al principio del ventesimo secolo veniva spogliata della sua gente in cerca di terre più promettenti. Gli emigranti italiani, affollando i porti commerciali di Napoli e Palermo, si imbarcavano su navi dirette verso il resto del mondo, gli Stati-Uniti, Canada, Australia, America del Sud e così via. Tutti i passeggeri avevano un denominatore comune: un desidero profondo per una vita migliore. All'ingresso del porto di New York, la Statua della Libertà tendeva loro le mani: "Dammi i tuoi affamati, i tuoi poveri, la tua gente desiderosa di essere libera." Infatti ci fu una chiamata squillante come una tromba. Gli Stati-Uniti avevano bisogno di manodopera per la sua crescita industriale. C'era il lavoro, ma era un lavoro difficile, duro. Mio nonno, Giuseppe Colasante, (nato il 10 febbraio 1882), rispose a quella chiamata.

Scarce information is known about his departure for the voyage across the Atlantic Ocean. When the day of departure did approach—alone without his wife and children, and no doubt apprehensive—he left Torricella Peligna, nestled at the foot of the Maiella mountains of Abruzzo, Italy, and embarked on the ocean ship *Venezia*, leaving from the Port of Naples. The long and tedious voyage of the unending waters of the Atlantic to America began—a journey of which he probably only heard about from relatives and friends.

Torricella Peligna 1915

According to Ellis Island records, there were thirty other male and female young Italians ranging in ages from sixteen to thirty-eight on his ship. Ships traveling at about sixteen knots per hour would cross the Atlantic in approximately fifteen days, arriving at Ellis Island in New York.

Abbiamo poche informazioni sulla sua partenza per il viaggio attraverso l'oceano Atlantico. Quando il giorno della partenza arrivò, solo e senza dubbio apprensivo, lui si imbarcò a Napoli con altri Italiani giovani per il viaggio lungo ed arduo su quelle acque ignote, scure e senza fine di cui lui doveva aver sentito dai parenti, dagli amici e probabilmente dai libri storici.

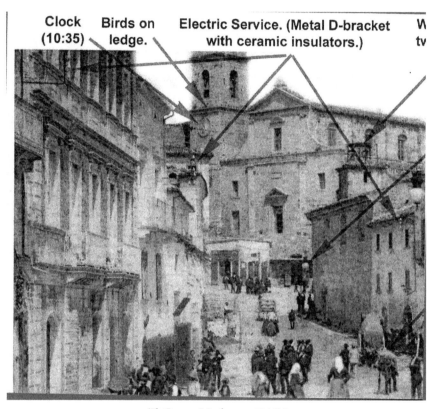

Clock (10:35)   Birds on ledge.   Electric Service. (Metal D-bracket with ceramic insulators.)   W tv

(Il Corso Umberto 1915)*
The Only Main Street,

Secondo i registri di Ellis Island c'erano trenta altri ragazzi maschi e femmine giovani Italiani che vanno in età di sedici anni a trentotto.. Le navi che prendevano il viaggio a sedici nodi l'ora traversavano l'Atlantico in circa quindici giorni, arrivando in Ellis Island a New York.

*See p.74 for Il Corso Umberto 100 years later.

On May 14, 1913, the *Venezia* safely brought Grandpa Colasante to the shores of America, arriving at the port of entry, Ellis Island. Giuseppe walked onto American soil to pave the way for his wife and five children, who all remained in Italy until work was secured. His long-awaited dream, his *sogno*, was beginning. The nightmare of traveling in the dark and dank bow of the boat was over.

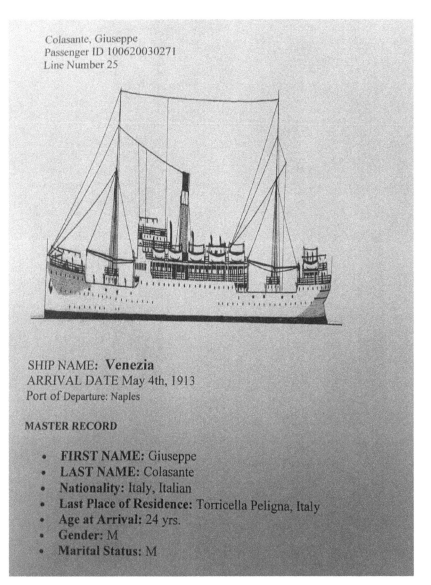

Colasante, Giuseppe
Passenger ID 100620030271
Line Number 25

SHIP NAME: **Venezia**
ARRIVAL DATE May 4th, 1913
Port of Departure: Naples

MASTER RECORD

- **FIRST NAME:** Giuseppe
- **LAST NAME:** Colasante
- **Nationality:** Italy, Italian
- **Last Place of Residence:** Torricella Peligna, Italy
- **Age at Arrival:** 24 yrs.
- **Gender:** M
- **Marital Status:** M

Quello che noi sappiamo del suo arrivo in America è che fu nell'anno 1913 il 14 di maggio sulla nave *Venezia* partendo del porto di Napoli. Giuseppe si adoperò sul suolo americano per spianare la strada per sua moglie ed i cinque figli che rimasero in Italia fino a quando lui si assicurò il lavoro in America. Il suo *sogno* tanto atteso ebbe inizio. L'incubo di viaggiare in terza classe in una prua buia ed umida nella nave era finito.

Si è unito fratelli della Nonna Colasante, Nicola e Antonio Della Croce, prima a New York, e poi in Torrington, Connecticut dove molti altri immigrati italiani si erano stabiliti. Con i soldi che ha guadagnato in Torrington come calzolaio, il nonno mandava i fondi torna a Torricella di prendersi cura di sua moglie ed i loro cinque figli che continuavano la loro vita quotidiana in Via Ulisse centrata su una strada principale, il Corso Umberto.

La storia di mio nonno, Giuseppe Colasante, non è unica tra le storie degli altri immigrati italiani – non all'inizio. Per essere precisi lui era solamente uno tra le centinaia di migliaia di emigranti italiani che cercavano di migliorare le loro proprie vite. E l'America mantenne quella promessa. Le voci dalle regioni Toscana a Umbria, da Calabria a Sicilia si diffondevano con facilità su questa terra piena di plenitudine, di abbondanza, di prosperità, di lavoro duro ma con sogni da realizzare. Allora, dalla terra montagnosa, agriculturale e rugosa della provincia di Chieti nella regione di Abruzzo che si estende alle spiagge bianche Adriatiche, Nonno Giuseppe provò ciò che facevano tanti Italiani: un sentiero di speranza ed avventura, quello che il loro antenato Marco Polo e Cristoforo Colombo, nel quindicesimo secolo aveva fatto primo di loro. Lui doveva solamente seguire il proprio *sogno*. Se la canzone di Domenico Modugno, "*Volare*," fosse stata cantata in quel periodo, la parola *volare* nella canzone si sarebbe potuto sostituire con la parola *sognare*.

He joined Grandma Rosa Colasante's brothers, Nicola and Antonio Della Croce, first in New York, then in Torrington, Connecticut, where many other Italian immigrants had settled. With the money earned in Torrington from his trade as a shoemaker, Grandpa would send sufficient funds back to Torricella Peligna, Italy, to care for his wife and their five children. Grandpa's wife and children continued their daily living on Via Ulisse off the only main street, Il Corso Umberto.

But Grandpa Giuseppe Colasante's story is not that unique from other Italian immigrant stories—not at first. To be sure, he was only one of hundreds of thousands of Italian immigrants looking to improve their lives in America and elsewhere. America held that promise. Stories from Tuscany to Umbria and from Calabria to Sicily spread with ease that this new land was a land of plenty, of bounty, of prosperity, of hard work, but of dreams to be fulfilled. So from the province of Chieti in the region of Abruzzo's mountainous, agricultural, and rugged terrain that stretched to the white sands of the Adriatic, Grandpa Giuseppe attempted what other Italians were attempting: a path of hopeful adventure, and one which their fifteenth-century ancestors Marco Polo and Cristoforo Colombo had done long before them. Now they had only to follow their own dreams, their own *sogno*. If Domenico Modugno's song "Volare" had been sung when Grandpa Colasante came to America, the word *volare* might well have been interchangeable with the Italian word *sognare*, to dream.

Nonetheless, a twentieth-century dream of hope and adventure was gusting in the wind, and it captured Italians. The sting of joblessness and poverty became their catalyst for hope. Italy's cultural fascinations with Michelangelo, Leonardo da Vinci, Galileo, or the intrigues of the wealthy Medici and Borgia families—or the attractions of the Eternal City with its Roman Coliseum, Roman statues, Renaissance paintings, Italian cuisine, and even Italy's unification—did not bring prosperity to all the regions of Italy. All these cultural and historical entities could not put bread on their kitchen tables. Bread was elsewhere.

Tuttavia, il *sogno* nascente del 20° secolo di avventura e speranza soffiava nel vento e questo *sogno* catturò i cuori di molti italiani. Il problema della disoccupazione e della povertà divenne il catalizzatore di speranza. Le attrazione culturali da Michelangelo e Leonardo da Vinci a Galileo, gli intrighi dei Medici e dei Borgia, le attrazione della Città Eterna, le statue romane, i dipinti del rinascimento, e l'unificazione economica d'Italia, tutti non potevano mettere pane sulle tavole. Il pane era altrove.

La Città Eterna/The Eternal City

Chapter 2

Torrington, Connecticut

Previously, I said that Grandpa Colasante's story is not so unique. At first glance it is not. He was one among the hundreds of thousands of Italians to leave Italy only to experience the dirty work of the American mines or the dull and tedious work of America's factories. But what holds an interesting and unique ingredient to Grandpa's story lies in the person of my grandmother Rosa Della Croce Colasante. It is conceivable that if it were not for her, Grandpa's story may well have ended on Ellis Island. On August 30, 1915, Grandma Rosa and her five children—Flora Maria (fifteen), Flavia (thirteen), Attilio (eleven), Amalia Aloysia (three), and Alberto Nicola Giuseppe (eleven months)—disembarked from the Italian ship the *Ancona*. Their first step was to file through the long, dreaded line over which hung a huge sign:

IMMIGRATION REGISTRATION

Grandma Rosa registered with her maiden name, Della Croce, but her five children were registered with Grandpa's last name, Colasante. (In Italy, the wife retains her maiden name.)

During the lengthy voyage, it happened—as Aunt Virginia, Dad's youngest sister, recounted to me—that their sister Flora contracted scurvy. Scurvy was a disease to which passengers could succumb, especially if you were traveling third class in the bow of the ship. There, at Ellis Island (not the port of New York for US citizens), US immigration officers refused entry to Grandma Rose due to Flora's illness.

Capitolo 2

Torrington, Connecticut

Precedentemente, ho detto che la storia di Nonno Colasante non fu così unica. Al primo sguardo, non è. Come dicevo, mio Nonno fu uno tra le centinaia di migliaia di Italiani che sono partiti dall'Italia, e che dovevano sperimentare il lavoro in America, ad esempio, il lavoro sporco nelle miniere di carbone dello Stato della Pennsylvania o il lavoro pesante e noioso ovunque nelle fabbriche americane. Ma, ciò che rende la storia interessante ed unica di mio Nonno si trova nella persona di Nonna Rosa Colasante. È probabile che se non fosse stato per lei, la storia in America di Nonno Colasante forse sarebbe finita in Ellis Island. Il 30 di agosto 1915, Nonna Colasante arrivò con i suoi cinque figli sulla nave italiana, l'*Ancona*. Il primo passo sul suolo americano fu quello di passare attraverso le file lunghe e temute di

IMMIGRATI ISCRIZIONI

Nonna Rosa registrò con il suo nome da nubile Della Croce, ma i suoi cinque figli si furono registrati con il cognome del Nonno, Colasante. (In Italia, la donna conserva il nome da nubile).

Accadde che durante il lungo viaggio oceanico, la loro figlia, Flora, contrasse lo scorbuto. E' una malattia che possono contrarre i passeggeri che viaggiano in una nave in terza classe. Lì, a Ellis Island, (non al porto di NewYork riservato ai cittadini americani) gli uffici di immigrazione rifiutarono l'ingresso a Nonna Rosa a causa della malattia di Flora.

Manifest of Alien Passengers on the S.S. Ancona sailing from Naples, Italy.

At line 8 you can see the name Della Croce Rosa (my grandmother) with her 5 children: Flora, Flavia, Attilio (my father), Amalia and Alberto. All the children have the name Colasante.

Il Manifesto dei Passaggeri Alieni su la nave Ancona, partendo di Napoli, Italia.

Alla pagina 20 a la linea 8 si vede Della Croce Rosa (mia nonna) con i suoi cinque figli: Flora, Flavia, Attilio (mio padre), Amalia e Alberto. Tutti con il cognome di Colasante.

Della Croce, Rosa
Passenger ID 100375060111
Frame515
Line Number8

SHIP NAME Ancona
ARRIVAL DATE August 30th, 1915
- First Name : Rosa
- Last Name : Della Croce
- Nationality : Italy, Italian South
- Last Place of Residence : Correcella, Italy
- Date of Arrival : August 30th, 1915
- Age at Arrival : 32y
- Gender : Female
- Marital Status : Married
- Ship of Travel : Ancona
- Port of Departure : Naples
- Manifest Line Number : 0008

In their assessment of Flora's quality of health, the officers checked them off in the column, "Return-to-Italy." Alone with her three girls and two boys, and desperate after having abandoned all their belongings in a three story apartment in Torricella Peligna, Grandma Rosa had no other choice but to confront the officers; and, confront them she did with her own ultimatum in broken English: "You let us stay or see me and my children thrown overboard."

Con la valutazione dello stato di salute di Flora, la famiglia venne collocata nella colonna "Return-to-Italy." Sola con i suoi figli, disperata dopo aver abbandonato la loro casa affittata a Torricella, Nonna Rosa non aveva altra scelta che affrontare gli addetti alla selezione. E, secondo mia zia Virginia, lei li ha affrontati con un *ultimatum*: "Lasciateci rimanere o guardate me ed i miei figli gettarci in mare."

Thereupon, the family was quarantined. For a short period of time Grandma Colasante and her children slept on cots in refugee-like conditions until all signs of the illness left her daughter. Grandpa Colasante, who was living with Grandma Rose's brothers, Nicholas and Anthony, was then called. A quick train ride for Grandpa from Torrington, Connecticut to Ellis Island was filled with emotion and immense gratitude. Their dream, their *sogno*, could begin. They were content to start their dream together, to say good-bye to the little town of Torricella Peligna that could not provide adequate jobs, and to a land unable to put enough "bread" on the table. They were grateful to say good-bye to the vessel whose bow filled them with unpleasant and embarrassing memories - to the ship which on its return voyage to Italy was torpedoed by an Austrian submarine and sunk with 206 lives aboard. World War I had just begun. But now, Grandpa Colasante securely reunited with his wife and family boarded a train for Torrington, Connecticut.

Allora, la famiglia venne messa in quarantena. Per un periodo breve, Nonna Colasante ed i suoi cinque figli dovettero dormire su brande in condizioni simili ai rifugiati fino a quando tutti i segni della malattia svanirono. Nonno Colasante, che a quel tempo abitava con i fratelli di Nonna Colasante (Nicola ed Antonio Della Croce), fu avvisato. Durante il viaggio rapido in treno da Torrington, Connecticut (dove si stabilirono tanti Abruzzesi) Giuseppe era pieno di felicità e gratitudine. Loro erano contenti di iniziare il *sogno* insieme, di separarsi da un piccolo paese che non poteva provvedere ai posti di lavoro, che non poteva mettere il pane sul tavolo. Erano felici di dire arrivederci a una nave la cui prua aveva lasciato i loro ricordi spiacevoli. Quella nave durante il suo viaggio di ritorno fu silurata da un sommergibile austriaco ed affondò con 206 passeggeri a bordo. La Grande Guerra fu già cominciata. Nonno Giuseppe e Nonna Rosa che si riunirono con i cinque figli presero un treno per Torrington, Connecticut.

Their cramped house on 23 via Ulisse in the very quiet town of Torricella Peligna in the province of Chieti in the rugged region of Abruzzo, Italy was no longer their home. Torricella Peligna would never again be visited by any of them.

23 via Ulisee

La loro piccola casa in via Ulisse 23 nel paese tranquillo di Torricella Peligna nella provincia di Chieti della regione di Abruzzo, Italia non fu più la loro residenza. Torricella Peligna non sarebbe mai più visitata.

Torricella Peligna, Abruzzo, Italia

Steps of Via Ulisse on which young Attilio and his family walked daily

Chapter 3

The Struggle

It was in Torrington, Connecticut in their home at 234 Baeder St. that Grandpa's *sogno* had its humble but concrete beginning. Work was their thrust. Flora and Flavia labored in a factory. It was menial work, but it was work. Grandpa tried his trade as a shoemaker, but later had to take a salaried job in a large investment company as an elevator operator, manually turning the elevator wheel to open and close its doors. Grandma Rose stayed home with young Amalia and Alberto sewing, knitting and crocheting for better-off families. My father, Attilio, attended the nearby Wetmore Elementary School and perhaps Vogel High School. I say "perhaps" because there is no

**Wetmore
Elementary**

**Vogel
High School**

evidence that he graduated from Vogel High School according to the Torrington Historical Society which held group pictures of Torrington High School graduation Classes of the 1920's. He may have missed the day of picture-taking.

Capitolo 3

La Lotta

Era a Torrington, Connecticut nella casa in Via Baeder 234 che il *sogno* di Nonno Giuseppe aveva il suo inizio sul suolo americano. Lavorare era la loro spinta. Flora e Flavia lavoravano in una fabbrica. Era un lavoro umile, ma era lavoro. Mio Nonno era un calzolaio, ma, in seguito, prese un posto di lavoro retribuito in una grande compagnia di investimenti come operatore d'ascensore, girando manualmente il comando dell'ascensore per aprire e chiudere le porte. Nonna Rosa rimase a casa con i due giovani, Amalia e Alberto, cucendo, lavorando a maglia e all'uncinetto per le famiglie ricche. Mio padre, Attilio, fu l'unico a frequentare la scuola elementare Wetmore e dopo forse Vogel superiore di Torrington.

Non ci sono prove che papà è laureato del liceo Vogel secondo la Società Historica di Torrington, che prese le immagini di classe di ogni classe laurea degli anni '20.

It is possible that Grandpa sent him to work during high school at Western Union. It is also doubtful that Grandpa Colasante ever went to high school since documents show that he worked as a *dozzinante* (field laborer) for a Camillus Piccirelli in Torricella Peligna.

But, for the young Attilio, the influence of Education seemed to have impacted him in ways often times unaware. The motto of Torrington's school district has always read and still reads in Latin, "*Quod facis, bene fac,*" which translates, "Whatever you do, do it well." I don't think that it is coincidental that this motto made its way into my Dad's psyche because I can remember him often saying: "Whatever you do, do it well." He was proud, he told me, to be part of the high school band and play for the teachers' end-of-the-year parties. In addition to his playing the violin, he held an after-school job.

E' possibile che Nonno lo mandò dopo la scuola elementaria a lavorare in Western Union. Anche, è dubbio che Nonno Colasante sia mai andato a scuola superiore poiché ci sono documenti che rivelano che Nonno lavorava come dozzinante nella casa di Camillo Piccirelli a Torricella Peligna.

Ma per il giovane Attilio, l'influenza di una educazione sembrava averlo influenzato in modi spesso inconsapevoli. Il motto in latino del distretto scolastico di Torrington era *"Quod facis, bene fac."* Non penso io che sia una coincidenza che questo motto si fece nella psiche di mio padre perchè posso ricordarlo mentre diceva spesso: "Whatever you do, do it well." Lui era orgoglioso, mi ha detto, di aver fatto parte della banda del suo liceo e di suonare il violino per la festa dei docenti alla fine dell'anno scolastico. Oltre a suonare nella banda, aveva un posto di lavoro a part-time dopo la scuola.

With a bicycle newly purchased, he would dress in the brown uniform of the Western Union Company and go off to work as a mail carrier. His route would occasionally have him delivering mail to the building his father worked as the elevator operator.

Con una bicicletta acquistata, vestiva l'uniforme marrone della Società Western Union e andava a lavorare come postino. Di tanto in tanto lui doveva consegnare la posta dove lavorava suo padre come operatore d'ascensore.

"We would have quick conversations," Dad told me, "after Pa turned the wheel to close the elevator door which took us from floor to floor." But, it was truly in these marbled buildings that Attilio had his first glimpse of the real wheel that drove American industry. It instilled a subtle and enduring influence in him. Climbing back on his bicycle he would continue his route for Western-Union. If hungry, he would pull out a snack; but, it wasn't the hermetically sealed granola bar of today. Like his father, he would tap open a small hole in a raw egg and drink it. It was, you might say, very Italian.

But each one in the family had his or her responsibility which helped form family life. Torrington put meals on the table. "We ate meat twice a day," Aunt Virginia told me, something which the family never had done in Torricella.

Their early years in Torrington passed like days. With struggle, consistent hard work and with an eye on saving, Grandma Rosa and Grandpa Giuseppe bought their first home, something they were never able to do in Italy. "Grandma was meticulous about its cleanliness," recalls Aunt Virginia. "The parlor, [not the living room] was for guests." The everyday food was typically Italian: insalata, zuppa, pasta, vitello, pizza, spaghetti with meatballs, lots of meatballs. The language of the home was the Italian dialect of Torricella, but Grandma insisted on speaking the dialect of Dante's Tuscany - Italy's attempt at the purification and unification of the Italian language for all of Italy. She was not fond of the Abruzzo dialect. Nonetheless, in their home in Torrington the direction of the language was changing to English.

Papà mi ha detto che "Avevamo conversazioni brevi mentre l'ascensore ci portava su e giù." Nonostante, dentro l'ascensore di questa compagnia di investimenti dovè lavorava suo padre era lì che mio padre incontrò il suo primo assaggio del vero comando, il commercio dell'industria americana. Ci fu questo commercio che instillò sottilmente un'influenza durevole su di lui. Salendo sulla sua bicicletta, continuava il suo percorso della Western Union. Se aveva fame, portava con sé uno spuntino italiano, ma non era uno spuntino ermeticamente chiuso di oggi. Come suo padre, faceva un piccolo buco in un uovo e lo beveva crudo. Si può dire che conservava le sue abitudini italiane. Ma, ognuno nella famiglia aveva le loro proprie responsabilità. Era quello che contraddistingueva la loro vita di famiglia, il loro legame. "Abbiamo mangiato carne due volte al giorno," zia Virginia, mi ha detto. "Fu Torrington che finalmente metteva il pane sul loro tavolo, ciò che loro non avevano mai potuto fare a Torricella Peligna."

Gli anni a Torrington passarono come i giorni. Con il lavoro sodo e un occhio al risparmio, Nonna Rosa e Nonno Giuseppe comprarono la loro prima casa. Il loro inizio fu una lotta, ma andarono avanti. E, il lavoro costante e duro portò loro quello che non avrebbero mai avuto in Italia: la loro propria casa. "Nonna è stata meticolosa riguardo alla pulizia della casa," ha detto Zia Virginia. "Il salotto [non il soggiorno] era per gli ospiti." Il cibo di tutti i giorni era tipicamente italiano: pasta, pollo, vitello, spaghetti (con polpette, molte polpette) e pizza. Il linguaggio della casa fu un dialetto di Torricella, anche se pian piano si sporse in direzione della lingua inglese. Nonna ha insistito a parlare il dialetto Toscano di Dante (il tentivo d'Italia

Flora began using the name Florence. Amalia Aloyisa had a name change to Mildred. Almost three years after Florence's arrival in America, Florence married a handsome, young Italian, Alessandro Delulio on April 25, 1918. From that marriage came the union of the Delulio family and the Colasante family, a union which since then has become one of endearment.

presso la purificazione e l'unificazione della lingua per tutta l'Italia). Lei non era appassionata del dialetto abruzzese.

Flora cominciava a usare il nome americano, Florence. Il nome di Amalia Aloyisa si è cambiato a Mildred. Quasi tre anni dopo l'arrivo della famiglia, la loro figlia, Flora (adesso Florence) si sposò un bel giovane italiano, Alessandro Delulio nel 25 aprile, 1918. Quel matrimonio nacque un' unione molto forte tra le due famiglie, un' unione che dura fino ad oggi.

Fallen World War I
1915-1918

But, the gatherings of the Delulio and Colsant families as I remember often left out the voice of Grandpa Colasante. Nothing much was said of him except that he was a gentle man. He only became slightly real to me much later in my adult life by means of the very infrequent stories from my father in his late reminiscing years, and to a greater extent through my Aunt Virginia,

Aunt Virginia approaching 100 years.

her daughter LaVonne and LaVonne's daughter, Alexandra Lee as well as from the stories of my Uncle Henry Delulio (whose name in confirmation I took as my sponsor) and his daughter, Bernadette, and through Uncle Henry's sister, Mary (Delulio) Calarco and her daughter, Antoinette, whom we affectionately called HoneyGirl. I never even met Grandpa. As a young grandson, I never held his hand nor sat on his lap, nor listened to him play the guitar, nor heard his voice or felt his gentleness. He only became real to me through members of the family recounting stories and recently by my paging through archival documents from the Church of San Giacomo in Torricella Peligna. Seeing Grandma and Grandpa's marriage document and seeing their children's baptismal records made him more real to me. I discovered from civil documentation that he was a *trovatello* (an orphan). Other documentation have him as the son of Giacinto Colasante, and that as a *dozzinante* (field laborer) Giuseppe labored for the house of Camillo Piccirelli. Thus he became little by little more real to me. (Research on Giacinto Colasante, as Giuseppe's father is still in progress).

Nonno Colasante fu uno sconosciuto per me. Alle riunioni delle due famiglie, non si parlava molto di lui. Mio padre non ha mai parlato del Nonno tranne quando alla fine della sua vita, lui mi spiegò che era triste per il fatto che suo padre non ha mai dato un contributo durevole alla sua propria vita. Fu attraverso le molte storie dei miei cugini, Antoinette e la sua mama, Mary Delulio Calarco, e Bernadette dalla famiglia di Zio Enrico Delulio che la mia curiosità si scatenò ulteriormente. In seguito, c'erano le storie di mia zia Virginia, la sua figlia, LaVonne e sua figlia, Alexandra Lee, tutte di loro con cui il mio desidero di sapere di più è cresciuto. Come già detto, non ho mai conosciuto mio Nonno a causa della distanza geografica e della sua morte permatura. Come un nipote, non ho mai tenuto la sua mano, né seduto sulle sue ginocchia né l'ho ascoltato suonare la chitarra, o sentito la sua voce o sentito la sua dolcezza (tutti dicono che era un uomo gentile). L'ho conosciuto solamente attraverso i racconti qui e lì, e più tardi per mezzo dei documenti civili in America e nei documenti in latino consevrati negli archivi della Chiesa di San Giacomo a Torricella Peligna. Come trovatello Nonno lavorava alla casa di Camillo Piccirelli come dozzinante. Allora, mio nonno pian piano è diventato più reale per me. (La ricerca su Giacinto Colasante come il suo papà è ancora in progresso).

La Chiesa di of San Giacomo (St. James). Registrationi battesimi di Flora, Flavia, Attilio, Amalia and Alberto sono nel archivio a sinistra del altare.

39

Chapter 4

Following the Census

The United States Federal census records of January, 1920 have Grandpa Colasante's family living at 234 Baeder St. in Torrington, Connecticut: Flavia, Attilio, Amalia, Alberto, and two new additions, Virginia and George. It also records that Florence and Alessandro [De Lulio] and their son, Joseph were living with Grandma and Grandpa Joseph Colasante at 234 Baeder St. In addition, the Bureau of Vital Statistics of the State of Connecticut's has another child born to Giuseppe and Rosa Colasante. It is the birth of Giuseppe Carlo Colasante on the 11th of December, 1918.

Capitolo 4

Seguendo i Censimenti

Il censimento federale degli Stati Uniti nel mese di gennaio 1920

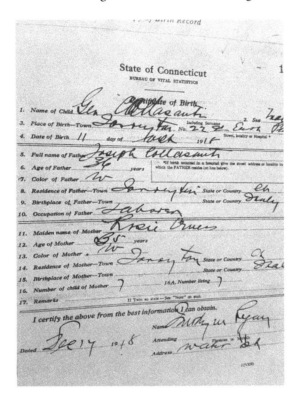

registra che la famiglia di Nonno Colasante abitava ancora in via Baeder 234 a Torrington, Connecticut con Flavia, Attilio, Amalia, (Emily) Alberto, Virginia (12/24/1917), e George (1918). Secondo il censimento del 1920 Florence e Alessandro Delulio stavano abitando con Nonno e Nonna e questo matrimonio ha portato un evento felice, la nascita del loro figlio, Joseph Delulio. Anche, un ufficio anagrafe della nascita di Giuseppe Carlo Colasante nel 11 dicembre 1918 aveva registrato frettolosamente e impropriamente la sua nascita come Giu Collasanti di Joseph Collasanti and Rosie Cruces (il cognome di famiglia di sua madre fu Della Croce).

But the baby's name is inaccurately recorded as Giu Collasanti of Joseph Collasanti and Rosie Cruces (her maiden name misspelled) despite the fact that on the official form it reads: *"Birth certificates should be complete and accurate."* Inaccuracies of names and dates were common. At any rate, now the family was nine. You might say, "a good Italian Catholic family."

The burden of raising Grandma and Grandpa's children was becoming more demanding. Aunt Florence and Uncle Alessandro moved to Chicago where he found a better job. Grandma and Grandpa remained in Torrington, CT.

Although the early roaring 1920's were financially profitable to the American people and the Great War was over, the late 1920's were not telling the same story. Another historical event which impacted and shaped the lives of millions of Americans appeared on the horizon - the Great Depression of 1929. It hit hard. Job after job disappeared across the country. Bread lines were everywhere and they were long. Suicides were numerous. America had to postpone Lady Liberty's greeting. Everything was different now. With money tight and jobs scarce, Grandpa's *sogno* was coming into question. Depressed, he continued menial jobs. "Grandma urged him to return to his trade as a shoemaker," said Aunt Virginia, "but for reasons of his own, he did not pursue it." Grandma Rose took a job working in a factory sewing tents and parachutes. "Everyone just worked hard," Aunt Virginia recalls. They wanted to fulfill that dream once begun in Torricella Peligna. "They never complained," she recounts. Nonetheless, the Great Depression had its say. And their dream of a better life continued to slip away. Having heard that job prospects were much better in Chicago, Grandpa and Grandma decided to sell their home, and left Torrington, Connecticut for Chicago, Illinois. But, the historical event of the Great Depression contributed to Grandpa and Grandma never again owning a home, that stable rock of the American dream.

Le inesattezze della grafia di nomi e date furono comuni. Adesso, erano nove figli. Si può dire, una buona famiglia Cattolica, Italiana.

Allora, l'onere per Nonno di allevare tutti i figli stava diventando più gravoso. Zia Florence e Zio Alexander si trasferirono a Chicago dove lui aveva trovato un posto di lavoro migliore. Nonna e Nonno rimasero a Torrington, Connecticut.

Anche se gli anni dei diciannove venti furono ruggenti e profitabili vis-à vis l'economia, e anche se La Grande Guerra fu finita, la fine dei venti non portò lo stesso sentimento. Purtroppo, un altro evento storico cambiò la vita di milioni di persone, includendo Nonno. Apparve all'orizzonte la Gran Depressione del 1929. E, l'America fu duramente colpita. I posti di lavoro scomparvero attraverso tutta l'America. Le file per il pane furono ovunque e furono lunghe. I suicidi furono numerosi. L'America ha dovuto riprendere il saluto della Statua della Libertà Tutto ebbe cambiato. Con i soldi stretti e le occupazioni introvabili, il *sogno* di Nonno cominciava a svanire. Depresso, seguì i lavori umili. Mia zia, Virginia, mi ha detto, "Mamma voleva che Papà fosse tornato al suo mestiere di calzolaio, ma per suoi propri motivi, non lo perseguì."

Nonna Rosa trovò un posto di lavoro in una fabbrica cucendo tende e paracuduti. Ognuno lavorò duramente per realizzare un *sogno* una volta iniziato a Torricella. "Loro non protestarono," ha raccontato Zia Virginia. Nonostante La Grande Depressione fece sentire la sua propria voce. E il loro *sogno* di una vita migliore cominciò a scivolare via in silenzio. Avendo sentito che le prospettive erano molto migliori a Chicago, Nonno e Nonna vendettero la loro casa, lasciarono Torrington per andare nella città di Chicago. Quest'evento storico contribuì a peggiorare la loro condizione al punto di non possedere mai un'altra casa.

Virginia

Eugenia Colsant - 1930 United States Federal Census - MyHeritage

The 1930 United States Federal Census has Grandma and Grandpa renting a home at 541 N. Avers Ave. in Chicago. The Enumerator of the census has Grandpa unofficially using the American version of his full name - Joseph Colsant. Whether he unofficially used it or the enumerator penned in the American version of the name remains a mystery. Their household was comprised of Mildred, formerly Amalia, Albert, Virginia, George, Joseph Jr. and Dorothy. Now, Grandpa was working in a paint factory. I assume all the children were attending Chicago public schools. We hardly know anything at all of their early lives. What we do know of young Attilio is that he ventured into the Chicago Board of Trade as a runner.

He aggressively took jobs that became available to him, even playing the violin at local theatres for the silent movies. Indeed, it was to her oldest son at this particular time in their lives that Grandma Rose saw promise. She stayed close to him, encouraging him to continue what his father was losing.

[Photo di Nonna Colasante c. 1930]

Zio Joseph Colasante   Zio George Colasante
Zia Dorothy Colasante   Zia Virginia Colasante

Il censimento federale degli Stati Uniti del 1930 attesta che Nonna e Nonno abitavano in via N. Avers 541 a Chicago. L'enumeratore di questo censimento attesta che Nonno stava utilizzando non-ufficialmente la versione americana del suo nome – Joseph Colsant o l'enumeratore sé stesso voleva usare la versione americana. Ciònonostante, la famiglia nel censimento fu composta da Amalia, che ebbe un cambio del nome a Mildred, Albert, Virginia, George, Joseph Jr., e Dorothy. In questo periodo, tutti i figli frequentavano la scuola tranne Mildred. Nonno lavorava in una fabbrica di vernici. Noi sappiamo quasi nulla della loro vita nei anni '20. Ciò che sappiamo è che Papa è divenuto un spedizioniere al "Board of Trade" a Chicago.

Ten years later, the 1940 United States Census has only Aunt Virginia, Uncle Joseph, and Aunt Dorothy living with Grandma and Grandpa at 2612 W. Division St. on the West side of Chicago. Grandpa was working in a shoe factory.

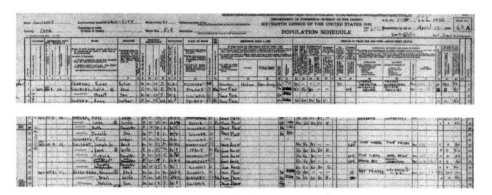

The family lived in low-rent apartments during these two decades. They lived very far from Chicago's "Little Italy." As a result, many small Italian traditions began to disappear (except that of playing cards). The family did not experience the "paisano" closeness that Little Italy had to offer. In fact, Antoinette Calarco relates that Grandma wanted to distance herself from Little Italy. So, for Grandma and Grandpa, life in Chicago was more one of assimilation than following Italian traditions. In addition, America's pervasive and insistent mood of assimilation had long ago penetrated Dad's teen-age life in Torrington, Ct. Assimilation into America's financial lures had a greater hold on him than his childhood memories of Torricella Peligna. He saw business opportunities that this industrial nation was offering.

Dieci anni dopo, il censimento degli Stati Uniti attesta che soltanto Virginia (23), Joseph Jr.(19) e Dorothy (15) abitavano con Nonna e Nonno in via Division 2610 a Chicago. Nonno lavorava nel calzaturificio.

Abitavano negli appartamenti ad affitti popolari durante questi due decenni sul lato ovest della città. Di conseguenza, separati dagli Italiani che vivevano nella "Little Italy" di Chicago, tante tradizioni piccole cominciavano a svanire dalle loro vite quotidiane (tranne i giochi di carte). Non sperimentavano la interprossimità tra le famiglie italiane che offriva "Little Italy." Per Nonna e Nonno, la vita a Chicago era piuttosto una di assimilazione che tradizionalismo. Mentre gli anni passarono, la vita familiare ruotò più o meno intorno alle celebrazioni tra le due famiglie, Colsant e Delulio. Ma, per papà fin dalla sua giovanezza a Torrington, c'era sempre quell'attrazione economica ed industriale d'America che stava avendo una presa maggiore su di lui. Vide le possibilità di affari che questo paese poteva offrire. Lui accettò tutti i posti di lavoro che gli si presentarono. Inoltre suonava il violino nei teatri locali per i film muti. Infatti, fu in questo figlio a questo tempo che Nonna Rosa ripose tutte le aspettative. Lei gli era molto affezionata, e lo incoraggiava a continuare quel *sogno* adesso precario per una vita migliore. Purtroppo per Nonno, non riuscì a compiere ciò che voleva.

It was around this time of Dad's life, that he took an interest in golf. And as we learned much later, his ball was always in the fareway.

Era intorno a questo tempo nella vità di papà che prendeva un interesse per il golf. La sua palla era sempre al medio di fareway del campo da golf.

Chapter 5

A Major Event

For Americans, July 4 marks and celebrates independence from England's King George III. Attilio, who now *unofficially* and *personally* was calling himself Leo wed a beautiful Virginia Schoentgen. It was July 4th, 1931 at St. Joseph Church on 1107 N. Orleans, 155 years after America's first Independence Day. Grandma and Grandpa's marriage day was also July 4th, only in 1901 in Torricella, Italy.

Dad used to joke that on July 4th he lost his independence. But it is truly symbolic that they chose the 4th of July as *their* own beginning. It was as if he was further adapting into mainstream America. Now married to Virginia, daughter of Clara and Nicholas Schoentgen of Luxembourg, and to the chagrin of his Italian mother, Leo set out to begin his own life with Virginia. They rented the 3rd floor apartment of a white Lennon stone building in the

Capitolo 5

Un Evento Paradossale

Per gli Americani, il 4 luglio celebra il giorno dell'indipendenza dal re d'Inghilterra, George III. Attilio, che adesso non ufficialmente e di sua volontà si stava facendo chiamare Leo, sposò una bella donna giovane che chiamata Virginia Schoentgen, nella Chiesa di San Giuseppe in via Orleans 1107. Il giorno del suo matrimonio fu il 4 luglio 1931, 155 anni dopo il primo giorno dell'Indipendenza Americana. Il giorno di matrimonio di Nonna e Nonno era il 4 giulio, 1901 a Torricella in Italia.

Papà diceva per scherzo che il 4 luglio perse la sua indipendenza. Era veramente ironico che avessero scelto quel giorno per cominciare la loro vita insieme. Era come se si stesse adattando di più nel "mainstream" della vita americana. Ora, sposato con Virginia, figlia di Clara e Nicola Schoentgen dal Lussemburgo, e con il disappunto di una madre italiana, Leo iniziò la sua nuova vita. Affittò un appartamento al terzo piano di un edificio in pietra

3600 block of Magnolia St. at Addison Ave, a stone's throw from Wrigley field, home of the Chicago Cubs, where hot-dogs and cracker jacks were the meal of the day, and "Take me out to the ball game," was sung by thousands of faithful fans. American baseball was replacing Italian futbol (soccer). And now the mid and late 1930's brought Leo and Virginia two sons and a daughter: Richard, Louise and me, born Leo Colsant.

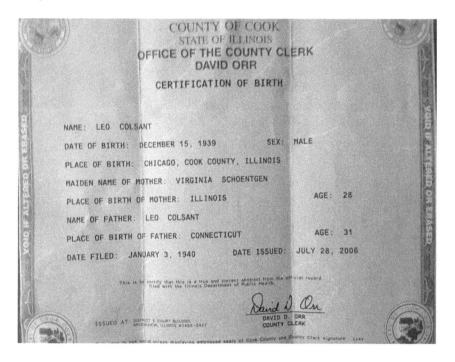

bianca in via Magnolia 3600 accanto alla strada Addison, a pochi passi dal campo Wrigley, la sede dei Chicago Cubs, dove "hot dogs" e "cracker jacks" erano il pasto della giornata, e la canzone "Take me out to the ball game" veniva cantata da migliaia di tifosi fedeli. Il baseball americano prese il posto del calcio italiano. E la metà e la fine degli anni trenta portarono a Leo e Virginia tre figli, Richard, Louise ed io, nato Leo.

Chapter 6

Times of Trouble

As a faithful son, Leo remained close to his parents and siblings. He felt a responsibility to continue to help them financially even though his own young family was beginning. But other difficulties faced immigrant Italians besides financial ones. Italian families in the United States during the 20th century did not live in a societal vacuum even though they retained many of their traditions. On the contrary, they were well aware of the social fabric of America and the memories the American people experienced during Italy's alliance with Germany in the Great War. That alliance had manifestly marked its collective stamp on Italian-Americans. Like the Japanese-Americans, some Italians were incarcerated. Memories of America's dead sons and daughters did not die easily. Consequently, Italian families encountered the foul foe of discrimination. Names which ended in E, I, A or O were targeted. Dago and Wop became common slurs attached to Italian immigrants. Grandpa Colsant's family was no exception. In the latter part of my Dad's life, he confessed to me that he hated to be called a Dago or a Wop. Teachers, who were not satisfied with an immigrant's English, told the immigrant student to go home and learn English. And so he did just that. English became a priority at home and at work both for young Attilio and for his siblings. The street too became the young teenager's English teacher. The Italian language of his native Abruzzo slowly began to lose its hold on him. And, in the daily acquisition of English, he was young enough to perfect the language without his vocal cords retaining the Italian accent. Not so for his mother. I can recall his mother on one saying to us in her broken English: "I lika to coma to Chicok (Chicago); Chicok is a nice city."

Capitolo 6

I Momenti di Difficoltà

Come un figlio fedele Leo rimase vicino ai suoi genitori e fratelli. Si sentiva la responsabilità di continuare ad aiutarli finanziariamente. E lo fece continuando a sostenere la sua giovane famiglia. Altre difficoltà sono rimaste oltre quelli finanziari. Le famiglie italiane in America in quel periodo non vissero in un vuoto sociale anche se mantennero le proprie tradizioni. Al contrario, gli Italiani emigrati erano ben consapevoli della storia del popolo americano, e dell'alleanza dell'Italia con la Germania nella Grande Guerra Mondiale. Quell'alleanza rimase impressa nella mente collettiva degli italiani. Come i giapponesi, alcuni italiani furono incarcerati. Il ricordo dei loro defunti figli americani non svanì facilmente. Di conseguenza, le famiglie italiane incontrarono il nemico brutto della discriminazione. Le persone i cui cognomi terminavano in E, I, A ed O furono presi di mira. Dago e Wop divennero gli insulti rivolti agli immigrati italiani. La famiglia di Nonno Colasante non fu un'eccezione. Nell'ultima parte della vita di mio padre, mi confessò che odiava essere chiamato un Dago o Wop. Perfino gli insegnanti dicevano spesso "va' a casa ed impara l'inglese." E, mio padre fece proprio quello. Così, l'inglese divenne una priorità in casa ed al lavoro per Attilio ed i suoi fratelli. Pure, la strada insegnò qualcosa a questo ragazzo giovane. La lingua italiana del suo Abruzzo nativo cominciava pian piano a perdere la presa su di lui. Siccome era abbastanza giovane, riuscì ad imparare la lingua inglese senza mantenere un accento italiano. Non fu lo stesso per sua madre. Lei ci direbbe nel suo inglese stentato, "I lika to coma to Chicok (Chicago); Chicok is a nice city."

Although the family depended on young Leo for their linguistic advancement, the Italian language was slowly being marked as a disappearing language for the family. In time Dad went to night school at Northwestern studying Accounting. Assimilation to the American way of life was becoming an end *in se* as it had for thousands of other Italian families.

Unfortunately at this time, job security for Grandpa was no better. "Grandpa became depressed," Aunt Virginia told me. "Disillusioned, he never established himself as a solid bread-winner." Now in his 50's he saw the proverbial 'writing on the wall' as his *sogno* fast faded. The young Leo's respect for his father sadly began to diminish in his own heart and mind. It was in my Dad's later years that he told me he was still angry at his father for not having applied himself more. Yes, "they played the banjo together, the violin, the guitar, and they sang together in the evenings," said Aunt Virginia. And yes, there were many songs to be sung; but now, my father in his late twenties was ever so cognizant that you didn't live on music. And a shoemaker's income just could not support the entire family. It was not there that Grandpa could fulfill his "calling" as Ellis Island classified his immigrant trade. So Grandpa's dream needed to be passed on. We don't know exactly to what extent Grandma Rose kept her eye on her Attilio to fulfill *this* lingering dream that had begun in Torricella Peligna.

Nonostante, la famiglia di Attilio contasse su lui per il loro avanzamento linguistico. Con l'andare del tempo, papà andò alla scuola serale all'Università di Northwestern per studiare contabilità. Per la famiglia intera, l'italiano stava lentamente diventando una lingua lontana. L'assimilazione allo stile di vita americano diventò un obiettivo come per migliaia di altre famiglie italiane.

Purtroppo, la vita per Nonno e Nonna non migliorò negli anni che seguirono. Il loro *sogno* nel corso dei dieci anni successivi sembrava svanire davanti ai loro occhi. Mi ha detto Zia Virginia, "Nonno divenne depresso. Lui era disilluso e non riuscì ad affermarsi come colui che portava i soldi a casa." Ora, a cinquant'anni, Nonno vide la scritta sul muro: il suo *sogno* stava svanendo. Il rispeto di Attilio per suo padre, allo stesso tempo, cominciò a diminuire nel suo cuore. Fu molto più tardi con l'avanzare della sua vita, che mio padre mi rivelò che era ancora arrabbiato con suo padre per non essersi applicato di più nella vita. "Sì, suonavano il banjo insieme, il violino, la chitarra e cantavano insieme la sera," mi ha detto mia Zia Virginia. Ma adesso, mio padre, avendo passato da poco i venti anni, stava diventando sempre più consapevole che non si può contare solo sulla musica per vivere o andare avanti con i posti di lavoro umili come fece suo padre a Torricella Peligna in Italia o a Torrington nel Connecticut. Non era con un salario di calzolaio che mio Nonno avrebbe potuto realizzare ciò che gli uffici di immigrazione a Ellis Island classificarono come la sua "chiamata." Quindi, il *sogno* di Nonno fu trasmesso a mio padre. E, Nonna Rosa tenne gli occhi su Attilio per realizzare questo *sogno* persistente che aveva cominciato a Torricella Peligna.

In addition to family births for Virginia and Leo, the late years of the 1930's also bore alarming signs of a new war across the Atlantic. Germany's Nazi party was on the rise, and Italy's Fascist party was fast coalescing. European countries were in turmoil. Eventually, with Japan's bombing of American ships at Pearly Harbor on December 7, 1941, the United States was plunged into World War II or as Italy refers to it, "The Other Great War."

[FALLEN FROM THE OTHER WARS]

And just as boat loads of Italians came to the shores of America, boat loads of Italians signed up in the various Armed Forces and returned to Italy, France, Germany, Holland, the High Seas or wherever the war took them. It was thrust upon Americans. And by the time Congress and President Franklin Roosevelt declared war on the Axis powers of Germany, Italy and Japan, Virginia and Leo had another boy, Raymond.

La fine degli anni trenta portò anche i segnali allarmanti di una nuova guerra attraverso l'Atlantico. Il partito nazista di Germania si scindeva, e il partito fascista d'Italia si fondava rapidamente. Nei paesi d'Europa c'erano disordini e tumulti. E, infine, con il bombardamento giapponese a Pearl Harbor il 7 dicembre 1941, gli Stati Uniti furono coinvolti nell'Altra Guerra.

Richard
Lee   Raymond   Louise

E, proprio come gli Italiani venuti con le navi in America, migliaia di quegli Italiani tornarono in nave in Italia, Francia, Germania, Olanda ed in altre parti del mondo. La guerrra attraverso l'oceano arrivò fino a loro. Nel momento in cui il Congresso e il Presidente Franklin Roosevelt avevano dichiarato guerra sulle potenze sull'Asse di Germania, Giappone e Italia, mio padre ebbe un altro figlio, Raymond.

Again, Italy was on the wrong side. And Italian Americans trying to find a new life suffered even more. As a nation, America's Protestant society, already bigoted against Catholics in general, was more relentless in their bias and skepticism of Italian Catholics whose religious faith also tied them to an *Italian* pope, Eugenio Pacelli, Pius XII. Despite the fact that Catholic elementary and high schools, universities and churches were increasing in numbers, and that Catholic moral values and ethics were beginning to take root and flourish on America's landscape, a Protestant majority remained distrustful of a Catholic people. Even with the papal encyclical of Pius XI, *Quadragesimo Anno* (1931), which addressed **universal** social justice and the plight of the working class, White Anglo-Saxon Protestantism remained skeptical of Catholic teachings. It was only much later in the 1960's with the election of a Catholic, John F. Kennedy that the wall of prejudice began to crack. A decade before the 1960's, Italians were still boat people, immigrants, second-class citizens. The slurs of Dago and Wop were everywhere. Italians were grease balls who wore dago t-shirts, their visual logo. Italian America was significantly mirrored cinematographically in the Mafia and later humorously stereotyped by the Fonz. Yet with Italy's declaration of war against the U.S. in World War II, tens of thousands of young Italians enlisted into the American Armed Forces.

L'Italia era ancora sulla parte sbagliata. E, gli italo-americani che stavano cercando di trovare una nuova vita, soffrirono anche di più. Come un paese americano, la struttura della società Protestante dell'America, già bigotta contro i Cattolici in genere, fu implacabile nei loro pregiudizi e scetticismo verso i Cattolici Italiani la cui fede religiosa li legò a un Papa italiano, Pio XII. Nonostante il fatto che le scuole cattoliche elementari e superiori, le università e le chiese erano aumentate di numero, e che i valori morali cattolici cominciavano a mettere radici ed a prosperare sul paesaggio americano, la società Protestante rimase diffidente nei confronti delle persone cattoliche. Pure, l'enciclica papale *Quadragesimo Anno* (1931) di Pio XI sollecitando la **giustizia sociale** ed **universale** verso la classe operaia, il protestantesimo bianco anglosassone rimase scettico del Cattolicesimo e la sua fedeltà al Papato. Fu solamente più tardi negli anni sessanta con l'elezione di un cattolico, John F. Kennedy che il muro del pregiudizio cominciò a incrinarsi. Prima degli anni sessanta, gli Italiani furono considerati "boat people" emigranti, cittadini di seconda classe. Gli appellativi di Dago e Wop erano usati ovunque. Gli Italiani erano considerati palline di grasso che indossavano le t-shirt dei Dago, il loro logo visivo. Tuttavia, con l'entrata degli Stati Uniti nella seconda guerra mondiale, decine di migliaia di giovani italiani si arruolarono nelle Forze Armate Americane.

My uncle Joseph Colsant boarded the U.S.S. Enterprise in 1943.

As part of the kitchen crew, making pies for his shipmates was his specialty.

My Uncle Henry Delulio boarded the U.S.S. Croatan that same year.

Mio zio Joseph Colsant salì a bordo del U.S.S. Enterprise nel 1943.

Mio zio Enrico Delulio intraprese il viaggio sulla nave la U.S.S. Croatan nello stesso anno.

(Official USN Photo) USS CROATAN CVE 25

Uncle Alex Delulio, son of Florence and Alessandro Delulio gave his life as an Army paratrooper in Holland.

Mio zio Alex Delulio, figlio di Alessandro e Flora Delulio diede la sua vita come paracadutista in Olanda.

VETERAN OF THE MONTH

Torrington Memorial Post 9086, Veteran's of Foreign Wars will pay tribute to World War II Army Veteran Alexander Delulio, Jr. at its' monthly Veteran of the month service at 10 a.m. Saturday, June 9 at Coe Memorial Park. The flag honoring Navy Veteran Master Chief Petty Officer Edward Huska will be lowered, retired and presented to family members. The Post conducts services on the 2nd Saturday of each month in which the deceased Veteran's Flag is flown in his honor.

PFC Alexander Delulio, Jr. was born September 25, 1924 in Chicago, Illinois the son of Alexander and Florence Delulio. He attended Cameron and Otis elementary schools in Chicago and the Tuley High School also in Chicago. In civilian life he was employed by the Chicago Tribune newspaper.

He entered the service on January 20, 1943 and was assigned to the 502nd Parachute Infantry, 82nd Airborne. Overseas service included June 6 D-Day in Normandy and then France, Italy and Holland. In Arnheim, Holland on September 19, 1944 which was supposed to be his final parachute jump he was killed in action at the age of 19 and is buried in Mount Carmel Cemetery, Chicago. He was awarded the Purple Heart posthumously who sacrificed his life in defense of his country. He also received a citation which reads:

In grateful memory of PFC Alex Delulio, Jr. AS #36725686 who died in the service of his country in the European area September 19, 1944. He stands in the unbroken line of patriots who have dared to die that freedom might live and grow and increase its blessing. Freedom lives and through it he lives-in a way that humbles the undertaking of most men. Signed by Franklin D. Roosevelt, President of the United States of America.

He was a communicant of Santa Maria Addolorata church in Chicago. His survivors include a sister Mary Calareo, Chicago, two brothers Henry of Crete, Illinois and Leo of Las Vegas, Nevada. Two brothers Joseph and Morris both deceased.

VFW Post 9086 salutes PFC Alexander Delulio, Jr. as the June 2001 Veteran of the Month and thanks his family and cousin Mrs. Thomas Cesaro of Torrington for allowing us to pay tribute to this great American.

Anyone wishing to honor a deceased Veteran may contact coordinator J. Lefty Silano at 489-1607 or write to him at 22 Cook Street, Torrington, Conn. 06790. Honorings are scheduled on a first come basis and need not be a resident of Torrington.

Veterano del Mese Alex Delulio Jr.

Uncle Leo Delulio served in the Army infantry and his brother Joseph Delulio was a Marine Flame Thrower. Uncle Morris, though he signed up to serve, could not serve because of a heart defect. They were all willing to give their lives for America. THE COURAGE OF THESE MEN! Yet, Italians across the nation were still suspect.

(With verbal permission of Dominic Candeloro at Casa Italia, Stone Park IL)

Mio zio Leo Delulio servì nella fanteria dell'esercito. Zio Joseph Delulio fu un lanciafiamme della marina. E, Zio Morris, anche se firmò, non poté servire il paese a causa di un difetto cardiaco. IL CORRAGIO DI QUESTI UOMINI! Erano tutti disposti a dare la vita per l'America. Eppure, gli italiani erano ancora guardati con sospetto.

During this period of the war when Italy declared war against the United States, the U.S. civil code was invoked. Indeed, according to Chapter 3 Title 50 of the United States Code on War and National Defense, "persons born of a hostile nation [sic. Italy] living in the United States, whether lawful full-time or part-time residents, and **not** actually **naturalized**, shall be liable to be apprehended, restrained, secured and removed as alien enemies." These moments stared Dad in the face. The message was clear: Naturalize and Assimilate!

Again, Aunt Virginia said that as young children, the schoolteachers would scold anyone who wasn't assimilating fast enough by their standards, telling them to "go home and learn English; isn't that why your parents came to America?" And, now with his own four children and the anxiety and humiliation of being considered an alien enemy, Dad feared for the future. To return to a land from which he left as a boy of 11 in order to fight a power-hungry Mussolini and a crazed lunatic in Germany did not make much sense to him. For years he himself had repeatedly heard the chant to assimilate into mainstream America. The former words of President Theodore Roosevelt still rang clear for emigrants: "Let us say to the emigrant not that we hope they learn English, but that they have to learn it. Let the emigrant return if he doesn't learn it. He must be made to see his opportunities in this country depend on the knowledge of the English language and the observance of American standards."

The indignities that Dad experienced as a young Italian were not off-set enough with nostalgic and affectionate stories of an Italy left behind. And with the process of assimilation already subconsciously having taken root in his late adolescent and early adult years, Dad did what he felt was best. With his Italian identity metamorphosing into an American identity, he did what thousands of other Italians did; he accelerated the process of assimilation.

Durante questo periodo della guerra quando l'Italia dichiarò guerra contro gli Stati Uniti, la codice civile degli Stati Uniti fu invocata. Secondo il capitolo 3 titolo 50 della codice civile, le persone emigrate nate in Italia ma che vivevano qui negli Stati Uniti, sia residenti legali a tempo pieno o residenti parziali, furono considerati per legge "i nemici stranieri." Questi momenti fecero aprire gli occhi a mio padre. Il messaggio fu chiaro: Naturalizzarsi ed americanizzarsi.

Mia zia Virginia mi ha detto che "come studenti, gli insegnanti sgridavano coloro che non assimilavano abbastanza velocemente secondo i loro standard, "Và a casa e impara l'inglese," dicevano; "non è per questo che i tuoi genitori sono venuti in America?" E, ora con i suoi quattro figli e (io immagino) non voleva essere considerato nemico degli Stati Uniti, papà pensava e temeva per il futuro della sua famiglia. Tornare in una terra che lasciò come un ragazzo di undeci anni, al fine di combattere un Mussolini assetato di potere e un pazzo in Germania, non aveva molto senso per lui. Con gli anni, lui recepì il messaggio di assimilazione alla cultura americana. Gli emigranti ascoltarono le parole del Presidente Theodore Roosevelt: "Diciamo all'immigrato non che speriamo che impari l'inglese, ma che deve impararlo. Facciamo tornare indietro l'immigrato che non lo impara. Deve fare gli interessi degli Stati Uniti o non dovrebbe rimanere. Deve sapere che le sue opportunità in questo paese dipendono dalla sua conoscenza della lingua inglese e dell'osservanza degli standard americani."

Le umiliazioni che lui aveva subito da giovane in America non furono neutralizzate dai ricordi affettuosi per l'Italia dei suoi genitori. Quindi, con il processo di assimilazione, avendo già inconsciamente messo radici, papà fece quello che secondo lui era la cosa migliore per la famiglia intera. Con la sua identità già in metamorfosi in una identità americana, fece quello che facevano centinaia di altri Italiani.

On the 28th of December, 1942, after thirty-eight years of being Attilio Orestes Italo Colasante, Dad went to the U.S. district court in Chicago, swore allegiance to the United States of America and walked out of the Court as **Leo Colsant**. He <u>officially</u> modified his Italian first and last name, and was naturalized onto the path of citizenship. His Italian citizenship was *ipso facto* renounced. Naturalization was a *fait accompli*.

Lui accelerò il processo di assimilazione: il 28 dicembre 1942 dopo trentotto anni passati come Attilio Oreste Italo Colasante, papà andò al Tribunale Distrettuale degli Stati Uniti a Chicago, giurò fedeltà agli Stati Uniti d'America e uscì dalla Corte come Leo Colsant. Modificò **ufficialmente** il suo nome e cognome italiano, e fu naturalizzato. Fu un *fait accompli*.

Chapter 7

My Siblings

Although World War II had begun, it was unknown to us as children. America was tranquil for us. I would ride my tricycle with my brother, Raymond, on 3003 N. Francisco Ave. or later on 3404 N. School St. without knowing that the world was indeed in turmoil. We were children. Mom and Dad used American names. Though my Illinois birth certificate reads Leo, I was called Lee (perhaps Leo was too close-sounding to Atti**lio**). For my siblings, it was Richard, not Riccardo; Louise, not Luisa; Raymond, not Raimondo; Joseph, not Giuseppe. Life on Chicago's Northwest side in a rented apartment was like life for any other American child in this neighborhood and, I might add, far from any experiences of being looked at as of Italian descent. Nor did we know of any stigma that the Italian Mafia had engendered. We grew up with the English language. Although we were first generation Americans, we never knew it. We were children of the present on School St. Dad's past in Torricella Peligna was never ours. And, we were too young to understand his nomadic past anyway. Torricella Peligna was **never** spoken of. We were simply Dad's children. We knew nothing of the lived-experiences of Dad's youth: what his life was like in Torricella's elementary school. Did he play futbol (soccer) with other kids his age? Did he attend church at San Giacomo with his parents? What stores did he like to shop at with his parents? What was the main street, *Il Corso Umberto*, (still the only main street today) like to him as a child at the time he left Torricella Peligna? We know nothing of all that. We grew up with that unknown. His past life lived in the poor area of Torricella and Torrington was to him not a welcome memory to share with his children. Nonetheless, whatever dreams of a better life Dad had, they were now his to be dreamt. They were those of Leo Colsant. Grandpa's *sogno* disappeared; there remained only Dad's to fulfill. In a sense Lady Liberty's torch was now passed from Giuseppe Colasante to his son, Leo Colsant.

Capitolo 7

I Miei Fratelli

Sebbene la seconda guerra fosse iniziata, per noi bambini era sconosciuta, per noi l'America era un paese tranquillo. Da giovane, andando in bicicletta con i miei fratelli in via N. Francisco 3003 e più tardi in via N. School 3404, mamma e papà ci chiamavano con i nomi americani. Anche se sul certificato di nascita dell'Ilinois ero registrato come Leo, venivo sempre chiamato Lee (forse Leo sembrava troppo vicino al nome italiano Atti**lio**). Anche per i miei fratelli è stato così: Richard, non Riccardo; Louise, non Luisa; Raymond, non Raimondo e Joseph, non Giuseppe. La vita sul lato nord-ovest di Chicago in un appartamento affittato fu simile alla vita di qualsiasi altro ragazzo americano nel vicinato. Papà non voleva che noi sperimentassimo la discriminazione, gli insulti e le umiliazioni che lui stesso aveva subito nell'essere chiamato Dago o Wop o associato con lo stigma della Mafia. Noi crescemmo parlando solamente la lingua inglese. Eravamo americani. Punto. L'appellativo "prima generazione americana" anche se lo eravamo, non esisteva per noi. Il passato di nostro padre non fu consapevolmente mai il nostro. Comunque, noi eravamo troppo giovani per capire il passato nomade di nostro padre. Lui non ne parlava. Non ha parlato della sua vita a Torricella: Della sua scuola o i partiti di futbol con i suoi amici o se è andato alla Chiesa San Giacomo con i suoi genitori. O che negoci gli sono piaciuti quando egli ha fatto la spese con sua maman sulla strada principale, il Corso Umberto (che rimane la unica strada oggi)? Da giovane, quello che la vita era a Torricella Peligna? Non sappiamo niente. Tutto è un misterio. Il suo passato nella zona più povera a Torricella ed a Torrington non era qualcosa a condividere con i figli. Ma adesso, qualsiasi desiderio di una vita migliore era da sognare, adesso c'era quello di Leo Colsant da realizzare. Il *sogno* di suo padre svanì. In un certo senso, la torcia della statua della libertà fu passata al figlio di Giuseppe, Leo.

Church of San Giacomo (St. James)

Marriage certificate of Giuseppe Colasante and Rosa Della Croce

View of Il Corso Umberto from the Church of San Giacomo 2016

Neighboring street near Via Ulisse 2016

Chapter 8

Lemons

Dad liked lemons. Isn't that crazy? Mom would twist lemons on a glass lemon squeezer with its swirl head, and Dad would drink the juices. It was a morning ritual. The juices for him embodied good health. When I visited him in California, sometimes he would squeeze a grapefruit and pour its juices over his butter-pecan ice cream which would be topped with banana slices, capped with a generous helping of **real** whipped cream. At any rate, lemons became part of his daily diet. I can remember every morning before he went off to work, Mom would have a glass of freshly squeezed lemon juice on the green marble sink in the bathroom. Nobody in the family ever bothered to ask, "Why lemon juice?" To us it was just Dad having his morning glass of lemon juice. But, a quick glance into young Attilio's past sheds light as to the why of lemon juice. Recall the *Ancona* - the ship on which Grandma and their five children came to America. Like other vessels, the *Ancona* had its illnesses, scurvy being one of them. It didn't discriminate among the passengers and sailors. That illness struck his sister, Florence. So, Aunt Virginia told me, "at the request of my mother, my brother would befriend the sailors to get fresh fruit for the vitamin C in the oranges or lemons." But, it was the lemon in particular on which they counted the most and which helped his sister overcome scurvy. So, a lemon to Dad was not just a lemon. It was a fruit with healing elements. So lemons became a priority in the list of daily fruits. Now, like my father, whenever I make a garden salad, I squeeze lemon juice onto the greens, but of course after having added pure, virgin Italian olive oil. Surely, everyone likes lemons. *Non è vero?*

Capitolo 8

I Limoni

A papà piacevano i limoni. Non è strano? La mattina, beveva un piccolo bicchiere di succo di limone; a cena, se c'era l'insalata, ci spremeva un limone per condirla. Per lui, il limone incarnava la buona salute. A volte, la sera spremeva un pompelmo e versava il succo sul suo gelato guarnito con scaglie di banana e una macchia di panna montata. Così i limoni divennero un regime costante. Mi ricordo che ogni mattina prima di uscire per andare al lavoro, mamma aveva un piccolo bicchiere di succo di limone (appena spremuto) sul lavandino di marmo verde in bagno. Nessuno nella famiglia si preoccupava di chiedere, "perché succo di limone?" Per noi papà stava prendendo il suo solito bicchiere di succo di limone. Ma, un'occhiata nel passato del giovane Attilio mette in luce il perché dei limoni. Ricordate l'Ancona, la nave sulla quale la famiglia arrivò in America? Simile alle altre navi, l'Ancona ebbe le sue malattie; lo scorbuto era una di queste. Lo scorbuto non fece discriminazioni tra i suoi passeggeri e i suoi marinai. Purtroppo, questa malattia colpì la sorella di Attilio, Flora. Così, mi ha detto zia Virginia, "per ordine di mia madre, mio fratello fece amicizia con i marinai per ottenere frutta fresca – arance, limoni e così via per il loro vitamina C." Così i limoni in particolare divennero una cosa di importanza fondamentale sulla quale poterono contare per aiutare la sorella a superare lo scorbuto. Quindi, per papà un limone non era solamente un limone. Era un frutto con elementi curativi. Pertanto, i limoni divennero una priorità nel consumo giornaliero di frutta. Adesso, come mio padre, quando faccio un'insalata mista, spremo un po' di succo di limone su questa dopo avere prima aggiunto l'olio extravergine d'oliva italiano. Dopotutto, non piacciono a chiunque i limoni! *Non è vero?*

Chapter 9

A Second Separation

During the early 1950's, Grandpa Colsant and Grandma Colsant (the name now familiarly used) headed for the warmth of California. Aunt Virginia relates, "I remember my father sometimes calling my mother, Rosina, placing the accent on 'zina' as if they were still in Italy's Torricella." Like Aunt Virginia, I like to think that Grandpa was as warm with Grandma as was the autumn warmth of a California day.

Capitolo 9

Una Seconda Separazione

Durante gli anni '50, Nonno Joseph (come risultava ora dal Censimento Federale) e Nonna Rose si diressero verso Ovest per cercare il calore della California. Zia Virginia raccontò: "Ricordo che a volte mio padre chiamava teneramente mia mamma Rosina, mettendo l'accento sulla penultima sillaba 'zina." Come Zia Virginia, mi piace pensare che nonno era caloroso con lei come il sole californiano.

I don't really know to what extent life's cultural journey and lived-experiences in Torricella Peligna followed Grandpa to the States, but it seems to me that the province of Chieti, Abruzzo, Italy now had to be a very distant memory. The mountain chain of the Maiella, which surrounded Torricella, Fallascoso, Gessopalena, Casoli and so many other little towns were indeed a distant memory. Grandpa exchanged a hard life in Torricella for a hard life in the American cities in which he lived.

And life in sunny California did not last long for Grandpa. Although he had traded hard work in Italy for hard work in America, his steady job only brought in a meager salary. As a laborer in a paint factory, he experienced an unfortunate twist of fortune. "The fumes of paint took its toll on his health," said Aunt Virginia. I could only conclude that the fumes of a paint factory contributed to an earlier death. It was on October 15, 1956 in a faraway Los Angeles where Grandpa died. I was a junior in a Carmelite High School in Hamilton, Massachusetts 3 thousand miles away. I don't even remember being told of his death. Grandma lived on to the age of 102. She was born in 1883.

Non so veramente fino a che punto la vita a Torricella Peligna abbia segnato Nonno, ma, mi sembra che la vita Abruzzese doveva essere un ricordo lontano per lui. La catena montuosa della Maiella, che circonda Torricella, Fallascoso, Gessopalena, Casoli e tanti altri piccoli paesi doveva essere un'immagine lontana per Nonno, anzi tutta l'Italia lo era. Nonno ha scambiato un lavoro duro a Torricella per un lavoro duro nelle città d'America.

Ma, la vita con Nonna in California non durò a lungo per Nonno Joseph. Lavorare in una fabbrica di vernice non era né piacevole né sano. "Le esalazioni di vernice prendevano poco a poco il pedaggio su di lui e sulla sua salute," mi ha detto Zia Virginia, contribuendo alla sua morte avvenuta all'età di settanta tré anni a Los Angeles. Era il 15 ottobre 1956. Ero al terzo anno del liceo carmelitano a Hamilton, nel Massachusetts, a tremila miglia di distanza. Non ricordo nemmeno che mi sia stato detto della sua morte. Nonna ha vissuto all'età di 102. Lei è nata nel 1883.

Chapter 10

Post-War American Traditions

At the end of World War II, many Americans across the country celebrated with victory gardens. In our neighborhood at Belmont and Pulaski, an enormous piece of land lay vacant adjacent to Madonna High School operated by the Franciscan Sisters. On this piece of land which the Good Sisters rented out, the local neighbors in memory of the dead sons and daughters of WWII cultivated vegetable gardens: tomatoes, corn, beans, cucumbers, herbs etc. At the center of this piece of land stood a massive American flag waving over the many parceled-out lots. In their maturity the gardens gave the appearance of a farmland. Some neighbors grew arrays of flowers that rimmed their gardens to beautify them. Not so with Dad. He would jokingly say, "You can't eat flowers." So after an hour of tilling the soil and picking weeds, he would head home to 4106 W. Barry with freshly picked vegetables. Occasionally, he stopped to pick the tender baby dandelion leaves which added iron to the salads. Again, you might say, very Italian.

His brother, Joseph, also did what many Italians did. Having served the country on the U.S.S. Enterprise, Uncle Joe settled in Chicago and opened a grocery story on Chicago and Grand avenues. Every April at tax time Dad worked at the grocery store on his brother's federal and state income tax forms (a skill he taught me later in life) while my siblings and I would meander through rows of Contadina cans of tomato paste, different Italian pastas, giardinieri pepper jars, barrels of olives and the like. I remember the wonderful aromas of prosciutto, of Italian olives and baked baguettes of bread. Liters of Carlo Rossi's *Paisano* and *Fortissimo* wines stocked the shelves. My father would return home from Uncle Joe's deli with bags of fresh fruits, Italian olives, jars of giardinieri, a bottle of Paisano and *altre cose italiane*. Once home, there was no hesitation to have a well-deserved glass of wine. Lifting the bottle over his right shoulder and cradling it in the crook of his right arm he would pour himself a nice glass of *vino rosso. Salute!* It was a good memory. Uncle Joe was the only brother to remain in Chicago with his wife, Sophie, and their son, Joseph. Anecdotally, there were 4 Joseph's born in 1944 to honor Grandpa Giuseppe: Joseph Augustine, son of Leo Colsant, Sr., Joseph Angelo, son of Uncle Joseph Colsant, Joseph Norman, son of Uncle George Colsant and Joseph Valerio, son of Uncle Alberto Nicola Giuseppe Colsant. *Molto bene! The first Uncle Alberto Nicola died in Italy as a child, March 27, 1911.*

Capitolo 10

Le Tradizioni Americane Del Dopo-Guerra

Dopo la Seconda Guerra Mondiale, molti Americani nel nostro paese celebrarono la fine della guerra con i "giardini della vittoria". Nel nostro vicinato alle strade di Belmont e Pulaski, c'era un enorme striscia di terreno che si trovò vacante accanto al liceo Madonna, gestito dalle Suore Francescane. Quegli acri di terreno furono divisi in particelle ed affittati dalle Buone Suore. I vicini locali in memoria dei figli morti coltivarono file di tutti i tipi di verdure ed anche alcuni fiori. Al centro di questo appezzamento c'era una bandiera gigante americana. La terra appariva come una piccola azienda agricola. Alcuni vicini coltivarono fiori come gesto commemorativo – ma papà non fece così. Scherzava spesso: "Non si possono mangiare i fiori." Così, dopo aver raccolto le verdure, papà ed io tornavamo a casa in via W. Barry 4106. A volte, papà si fermava per raccogliere le foglie tenere di piccole piante di tarassaco per aggiungere ferro all'insalata, una tradizione italiana che lo seguì in America. Di nuovo, si può dire, " molto italiano."

Anche dopo la guerra, molti Italiani aprirono i loro negozi. Suo fratello Joseph, dopo aver servito la nazione a bordo della U.S.S. Enterprise, aprì un negozio di alimentari all'angolo delle strade Chicago e Grand. Ogni aprile, durante il periodo della dichiarazione fiscale, papà completava i moduli delle tasse federali e statali di suo fratello per pagare il minimo (una tecnica che mi insegnò più in là nella mia vita). Posso ricordare l'aroma meraviglioso del prosciutto nel negozio, delle olive italiane, delle pagnotte di pane appena sfornate. Ho ancora l'immagine delle grandi bottiglie di cinque litri di vino *Paisano* e il vino *Fortissimo* di Carlo Rossi disposti sugli scaffali. Poi papà tornava a casa con sacchi di frutta fresca, olive italiane, formaggio, barattoli di giardiniera ed altre cose italiane. Una volta a casa, papà apriva la bottiglia di *Paisano*, e sollevandola sulla spalla destra e sostenendola nella curvatura del suo braccio, si versava un bicchiere di buon vino. Salute! E' un bel ricordo. Lo zio Giuseppe fu l'unico fratello a rimanere a Chicago con sua moglie Sophia ed il loro figlio Joseph. Nel 1944 nacquero 4 bambini che vennero chiamati Giuseppe per onorare Nonno Giuseppe: Joseph Augustine, figlio di Leo Colsant Sr., Joseph Angelo, figlio di Zio Joseph Colsant, Joseph Norman, figlio di Zio George Colsant and Joseph Valerio, figlio di Zio Alberto Nicola Giuseppe Colsant. *Molto bene!* Aneddoticamente, il primo Alberto Nicola è morto in Italia come bambino il 27 di marzo 1911.

Chapter 11

Upward Mobility

Dad's care for his parents never left him. That quality of caring was omnipresent throughout his life. And, it was he who quietly without bravado assumed a role of *paterfamiglia*. Life passed quickly after the war. He got a job with Mathias Klein & Sons, a tool-making company in Chicago which manufactured pliers, screw-drivers, hammers, tool-kits and the like for electricians, carpenters and the other trades. That job proved to be a stabilizing force in his life. He started out as an accountant. He worked the day, and when able attended Northwestern University's School of Business at night in accounting classes. Education was always a priority for him and by extension his children. All of his 10 children attended Catholic elementary and secondary schools, St. Viator, Queen of All Saints, Regina High School, Loyola University, just to name a few. In the early 1950's Mathias Klein & Sons became one of the leading American manufacturing companies of tools. This growth contributed to Dad's upward mobility. His own family grew; his dreams grew; his job titles grew as the merits of his hard work were recognized. After the Accounting Department, he became a purchasing agent, then was titled Chief Purchasing Agent, and at the end of his years of work, one of Mathias Klein & Son's vice-presidents. Today, Mathias Klein & Sons is international.

The company expanded significantly during the mid and late 1950's. It had to move to accommodate the expansion. Skokie, Illinois was chosen as the site. There was still available vacant land to accommodate the expansion. Dad followed with his own house move. After a year's futile search in the real estate section of the Chicago Tribune want-ads, no house was found. However, it happened that driving through Forest Glen he met a builder of bungalows who was selling his own home at the corners of Catalpa and La Porte. Dad negotiated, and the family moved into this large, yellow brick bungalow at 5401 N. La Porte in this beautiful part of the city.

Capitolo 11

L' Ascesa Lavorativa

La dedizione di papà per suoi genitori non la mai lasciò. Quel prendersi cura di loro era onnipresente in tutta la sua vita. Per cui, senza spavalderia, assunse il ruolo di capofamiglia. Dopo la guerra il tempo passò rapidamente. Papà ottenne un lavoro nell'azienda Mathias Klein & Figli una società che produceva pinze, cacciaviti, martelli e cose simili per elettricisti ed altri mestieri. Quel lavoro riuscì a dare sicurezza alla sua vita. Papà iniziò come ragioniere. Lavorava di giorno e studiava contabilità alla scuola serale presso l'Università di Northwestern. L'istruzione è sempre stata una priorità per lui. Infatti, tutti suoi figli frequentarono licei cattolici e si laurearono in diverse università. Nei primi anni '50 la sua compagnia era *leader* in America nella produzione di utensili per i diversi mestieri. Quegli anni contribuirono alla carriera di Papà. La sua famiglia cresceva di numero; i suoi sogni personali aumentavano; i suoi titoli dentro la società crescevano man mano che gli venivano riconosciuti i meriti per il suo duro lavoro. Prima era ragioniere, poi Capo Ragioniere, successivamente Capo Agente di Acquisto, e verso la fine della sua vita lavorativa divenne uno dei vice-presidenti della società.

A metà degli anni cinquanta, la società Mathias Klein & Figli si stava espandendo. La compagnia fu trasferita a Skokie nell'Illinois sulla periferia nord-ovest di Chicago. Papà e Mamma traslocarono per seguirla. Dopo un anno di ricerca sul giornale Chicago Tribune non trovarono nessuna casa. Per fortuna, papà incontrò un costruttore di bungalow che stava vendendo la sua casa all'angolo delle strade La Porte e Catalpa. Questa casa in via La Porte 5401, in una bella zona della città che si chiamava Forest Glen, diventò per Papà e Mamma una parte del *sogno*.

The house's hexagonal front featured French stained glass windows facing both streets. The windows with yellow and pink tulips atop green stems offered an elegant appearance from the interior and from the street. From the side of the house between the two semi-circular windows was the kitchen through which the sun poured. From the sink inside that kitchen window Mom would wash dishes and occasionally you could hear sacred hymns being sung. It was in this home in the years that followed that my sisters Louise, Virginia, Rosemarie, Loretta and Catherine met their husbands and subsequently married. They all had one thing in common, only one. They all wore the same beautiful wedding dress of their older sister, Louise, each in their own time. Again, you might say, it was very Italian.

La parte anteriore della casa era esagonale con sei vetrate francesi che si affacciavano sulle due strade. Le vetrate vestite di tulipani gialli e rossi con steli verdi davano un tocco elegante alla casa. Era qui che negli anni successivi le mie sorelle Louise, Virginia, Rosemarie, Loretta e Catherine incontrarono i loro mariti e si sposarono. Tutte le mie sorelle avevano una cosa in comune, una sola. Tutte indossarono lo stesso bellissimo abito da sposa della loro sorella maggiore Louise. Ancora una volta, si può dire che era un'usanza molto italiana!

As Catholics, Dad drove us every Sunday to Queen of All Saints Church to attend Mass. The priest at that time faced the altar to celebrate the liturgy. Vatican II had not yet arrived. Even though, I believe, Dad's own faith was scantly nourished by his parents, he believed that our faith-life was important enough for him to set an example for us. So he and Mom would religiously arrive at Church, often times late, to the chagrin of our Mother; and there, attend Mass with hundreds of other parishioners. At times my Dad's eyes would close during the sermon, only to be "gently" poked by Mom.

Queen of All Saints, Chicago, IL

Come cattolici, Papà ci portava ogni domenica alla Chiesa "La Regina di Tutti i Santi" per partecipare alla Messa. A quel tempo il sacerdote si posizionava di fronte all'altare per celebrare la liturgia. Il Concilio Vaticano II non c'era ancora stato. Anche se penso che la fede di Papà fu scarsamente alimentata da suoi genitori, egli credeva che la nostra vita religiosa era abbastanza importante da dare l'esempio a lui. Così la famiglia arrivava religiosamente in Chiesa e, con il dispiacere di nostra madre, a volte eravamo in ritardo e lì noi partecipavamo alla Messa con centinaia di altri parrocchiani. A volte, papà chiudeva gli occhi durante il sermone solo essere pizzicato dolcemente dalla mama.

Chapter 12

The American Dream

As the years passed, Dad's respect at Mathias Klein & Sons advanced and so did his upward mobility among the major players of the company. As chief purchasing agent he would consult with the president, Mathias Klein and the vice-president, Richard Klein on the purchases of steel and other metals for the production of tools. He became part of the upper echelon of the company. That "membership" included playing cards during their lunch hour with those of that inner circle. When my brother Joseph came to pick up my father after work, the joke among the card players was, "Is this the son I put through college?"

Like Dad's parents before him who had 9 children, Dad and Mom had their last hurrah with the birth of Robert. Now, there were 10. All graduated from universities. Needless to say, education was a top priority for a man who never did receive a college degree. I feel quite certain that that cramped house at 23 *via Ulysse* in Torricella Peligna and the home on 234 Baeder St. in Torrington had much to do with his want to do better in life in America through an education. .

Sometime during my childhood, Dad transitioned his name from Leo to Lee. My name also was transitioned early on from Leo to Lee Jr. Nonetheless, his Delulio and Colsant nieces and nephews continued to call him Uncle Leo. Despite all the name transitions, Dad's steadiness never changed. He would often playfully catch us and threaten us with "the hand that never fails" as he would grab us when we tried to escape.

Capitolo 12

Un Sogno Americano Realizzato

Il rispetto di cui mio padre godeva lavorando nella società avallava la sua ascesa lavorativa. Come Capo Agente di Acquisto, si consultava con il presidente dell'azienda Mathias Klein e il vice-presidente Richard Klein, riguardo l'acquisto di acciaio per la produzione degli utensili. Egli diventava, per così dire, un membro della cerchia interna della società. Giocava a carte a pranzo con la dirigenza. Quando mio fratello Joseph cercava nostro padre alla fine della sua giornata lavorativa, la battuta tra i giocatori di carte era: "Questo è il figlio per cui ho pagato la retta all'università?"

Come sui genitori prima di lui, i nostri genitori ebbero il loro ultimo hurrah con la nascita di Robert. Ora eravamo in dieci. Tutti si laurearono in diverse università. Come dicevo, l'istruzione è sempre stata una priorità assoluta di un papà che non ha mai ricevuto una laurea. Ho un sentimento forte che quella piccola casa in via Ulysee 23 a Torricella e la piccola casa in via Baeder 234 avevano molto a che fare con il suo desiderio di volere una vita migliore in America.

E' stato durante la mia infanzia che papà decise di fare un'altra transizione del suo nome da Leo a Lee. Tuttavia, i suoi cugini e zii Delulio e Colsant continuavano a chiamarlo Leo. Sebbene sul mio certificato di nascita dell'Illinois ero registrato come Leo, io venivo chiamato Lee. Il cambio di nomi e cognomi era comune nelle famiglie italiane e così anche in quella di papà. Le modifiche durante la sua vita non avevano avuto un effetto negativo sull'onnipresente stabilità di papà. Ci cercava in giro per casa per farci dei dispetti dicendo: "attenzione alla mano che non manca mai."

His own *sogno* of living the American dream was coming into fruition, accomplishing what his father could not do. Although Grandpa's elevator rides up and down that large industrial building seemed insignificant, at the same time, it instilled in Dad the impetus to later forge his own dreams. And, Chicago became the fulcrum of his business life. He used to say, "If you can't make it in business in Chicago, you can't make it anywhere." It was true then. And there was a commitment to the company which hired you and rewarded you. However, in today's job market, upward mobility would challenge that belief. As Bob Dylan, in the 1960's prophetically sang, "'the times, they are a-changin'."

It was the mid 60's. Grandpa and Grandma had moved to California, but not before seeing their son fulfilling the *sogno*. On the national scene, the Beatles had come to America, a Catholic, John F. Kennedy, was voted into the White House. Pope John XXIII, now canonized, was still in the papacy (and not in Washington, D.C. as some Protestant Americans believed).

American society was truly evolving. Italians were becoming mayors, state senators and governors. They were finding their way in America. Assimilating into the main stream of American life, Lee Colsant, Sr. was fully contributing his part as an Italian-American. No one anymore called him a Dago or Wop. We grew up not knowing that prejudice. He removed us from that burden.

Il suo desiderio di vivere *il sogno americano* stava arrivando a compimento, realizzando ciò che suo padre non era riuscito a fare. Durante il periodo della sua adolescenza quando lui consegnava la posta a quelle grandi aziende, papà vedeva il potere industriale che offriva l'America. E lui sfruttò questo potenziale a Chicago. Diceva spesso, "Se non riesci a fare affari a Chicago, non riuscirai a farlo da nessun' altra parte." Quella dichiarazione era vera a quei tempi. Oggi? Non lo so. C'era fedeltà alla compagnia. Tuttavia, oggi il mercato commerciale sfiderebbe questa convinzione. Come disse Bob Dylan, "i tempi, loro stanno cambiando."

In questo momento, siamo negli anni '60. Nonno e Nonna si trasferirono in California, ma non prima di aver visto il figlio realizzare il suo *sogno*. Sulla scena nazionale un cattolico, John F. Kennedy, fu eletto alla Casa Bianca dal popolo americano; il Papa italiano Giovanni XXIII, adesso canonizzato, fu eletto nel Vaticano e risiedeva a Roma (e non a Washington, D.C. come credevano molti Americani); i Beatles arrivarono in America. Sì, i tempi stavano cambiando nel mondo. Anche la società americana si stava evolvendo: gli italiani stavano diventando sindaci, senatori e governatori. Trovavano il loro cammino in America. Entrando a far parte del "mainstream" della vita americana, Lee Colsant padre diede il suo contributo come un americano di origine italiana. Nessuno lo chiamava con l'appellativo dispregiativo Dago o Wop. Di conseguenza, i suoi figli sono cresciuti senza provare quel pregiudizio.

Dad retired from Mathias Klein & Sons as one of its vice-presidents. As a private family company, you could go no higher. He had reached his pinnacle of advancement. Respected, he retired at the age of 72. His card games with Mathias and Richard Klein and the "inner circle" came to an end. After his wife's death in October of 1979, like Grandma and Grandpa before him, he moved to California to escape the bitter, cold winds of Chicago's harsh winters.

As I said at the outset of this chronicle, Grandpa Giuseppe Colasante's story may not be unique; indeed, there are hundreds of thousands of Italian families who have memorable stories of all kinds. But, ultimately, as an immigrant people, they helped build America to be the strong and respected country that it is. President Reagan later called it, "A beacon on the hill." The Italian ethic to work hard was equivalent to bettering oneself for the sake of family and country. America became the leading industrial nation of the world *par excellence* thanks to their contributions. Their values such as life - from conception to death – were and remain precious.

The young boy of 11 who spoke no English, the teenager who ran as a courier for Western Union, the young man who played the violin for the silent movies, the part-time student who learned accounting, the husband and father who provided for his family, who lived a responsible life alongside struggle, hardship and a previously very nomadic life, made his mark. His life was family. He was, is and always will be a tribute to us, to his Italian heritage and to an America that allowed him to fulfill his own American dream. America gave him a home and the surety to earn the bread with which to live. He accepted the torch of Lady Liberty he saw as a boy from the *Ancona* upon his arrival at Ellis Island, August 30th of a long-ago 1915. It was Lady Liberty who extended opportunity to him, as well to previous generations and generations-to-come. They all did her justice and honor.

Papà si ritirò da Mathias Klein & Figli come uno dei loro vice presidenti. In un'azienda di famiglia, papà non poteva andare più alto. Egli raggiunse l'apice della sua carriera. Rispettato, lui andò in pensione all'età di settantadue anni. I giochi di carte con i colleghi si conclusero. E un po' dopo la morte di sua moglie al mese di ottobre 1979, come fecero Nonno e Nonna Colsant prima di lui, papà si trasferì in California per sfuggire alla neve ed ai venti brutali degli inverni rigidi a Chicago.

La storia di Nonno Giuseppe Colasante e suo figlio non fu unica come ho detto. Infatti, ci sono migliaia di famiglie italiane che hanno le loro storie memorabili da raccontare. Ma, in ultima analisi, tutte le loro vite hanno contribuito a costruire un'America forte e rispettata. Il Presidente Ronald Reagan ha definito gli Stati Uniti come "un faro sulla collina." L'etica italiana di lavorare duramente per migliorarsi era una volontà forte per il benessere della famiglia e quel "faro sulla collina". Grazie ai loro contributi, l'America è diventata una nazione industriale del mondo *par excellence*. I loro valori, in particolare il valore della vita dal concepimento alla morte, rimangono sacri.

Il ragazzo di undici anni che non parlava inglese, il corriere per la Western Union, il giovane adulto che suonava il violino per i film muti, l'uomo che seguì la sua professione di contabile con perseveranza, il padre che provvide alla sua famiglia, che visse una vita responsabile lottando contro la sua vita precedentemente nomade, lasciò il segno. La sua vita era famiglia e paese. Egli era, è e sarà sempre un omaggio a noi, al suo patrimonio italiano ed a un'America che gli permise di realizzare il suo *sogno*. L'America gli diede una patria e la garanzia di guadagnare il pane con cui vivere. In un certo senso, accettò la torcia che La Statua della Libertà porgeva a lui ed a quelle generazioni precedenti e successive; tutte le generazioni le fecero giustizia ed onore.

If the totality of the conditions of America diminished the Italian identity of my father, at the same time, it can be said that America gave him an additional identity, an American one. I am proud of my father. I give thanks to my Grandpa Giuseppe Colasante who on the 4th of May, 1913 disembarked from the ship *Venezia*, and began his journey, and to Grandma Rose who supported his *sogno*. I give thanks also to those Italians who have contributed to America in so many wonderful and significant ways. Their ancestral histories and courageous stories are the portals to their souls and to ours.

Se alcune condizioni storiche e sociali d'America diminuirono l'identità di nostro padre, allo stesso tempo, si può dire che l'America gli diede un' identità addizionale, quella di essere americano. Sono orgoglioso di mio padre, e rendo grazie a mio Nonno Giuseppe, che il 4 maggio 1913 sulla nave *Venezia* iniziò questo viaggio, e a mia Nonna Rose che lo sostenne. Io rendo grazie agli altri Italiani che hanno contribuito all'America in tanti modi diversi, meravigliosi e significativi. Le loro storie sono gli accessi alle loro anime ed alle nostre.

CPSIA information can be obtained
at www.ICGtesting.com
Printed in the USA
LVHW04s2136111018
593270LV00003B/490/P